Barbara Suchner ,,Wegwarte"

Barbara Suchner

Wegwarte

Gedichte

[signed dedication]

J. G. Bläschke Verlag A — 9143 St. Michael

Für alle,
die am Wege warten

CIP-Kurztitelaufnahme der Deutschen Bibliothek

Suchner, Barbara:
Wegwarte : Gedichte /
Barbara Suchner. —
S(ank)t Michael : Bläschke, 1981.

© 1981 by J. G. Bläschke Verlag, A 9143 St. Michael
Druck: J. G. Bläschke Presse, St. Michael
Printed in Austria

ISBN 3-7053-1313-4

SCHLÄFT EIN LIED IN ALLEN DINGEN

Schläft ein Lied in allen Dingen,
die da träumen fort und fort,
und die Welt hebt an zu singen,
triffst du nur das Zauberwort.

Eichendorff

Es bleibt eine Spur

Wo immer man geht,
wo immer man steht,
und was man erlauscht,
und was man erlebt —
es bleibt eine Spur,
die niemals verweht.

Mein Heimweh

Mein Heimweh
hockt
sehnsuchtstrunken
unter der Trauerweide
Es — war — einmal.
Fieberäugig
flüstert es mir
Kindermärchen
und Liebesseufzer,
leitet mich langsam
— Stürmen bringt Stürzen —
die Jugendwege
Vergangenheit,
reißt mir die Maske
Vergessen
vom erstarrten Gesicht,
lockt aus Verlorenem
Klänge,
friedliche, frohe,
nicht klagende,
die das Gewesene wahren.

Mein Heimweh,
ruhelos, ungestillt,
schweift schweigend,
doch niemals ersterbend,
durch den Zugwind
der Zeit.

Nachkriegshoffnung

Eine taubetränte Teerosenknospe
glüht träumend in fremdem Garten,
ein Kuckuck lockt liebestoll,
Brennessel- und Löwenzahnblätter
wachsen und wuchern zum Pflücken,
bereichern genügsam bescheidene Nahrung.
Sonne durchflutet das Zukunftssorgen,
entfaltet kosend die fremde Rose
zu hoffender Sehnsucht.

Nun blüht sie, verheißender Bote,
goldgelb, leuchtend, der *ganzen* Welt.

Abenddämmerung

Abenddämmerung
fällt flüsternd
über die Hügel,
nistet behutsam
im Gebüsch
der Heckenrosen,
webt wispernd
Schlummerschleier
um Knospen und Blüten
— Abend für Abend —,
bis der säuselnde Wind
sein Wiegenlied summt
den Hagebutten,
den blutroten,
geduldig gereift
im Schutze der Dornen.

Die wilde Rose

Vaters Grabhügel,
verwüstet, verwildert,
Vaters Grabkreuz
aus rötlichem Riesengebirgsgranit,
umgestürzt, zerschlagen.

Der Lebensbaum
ahnte die Schläge
der todbringenden Axt,
wehrlos, ergeben.

Ein wilder Rosentrieb rankte
über trostlosen Trümmern,
entsprungen der Wurzel,
die vor Jahrzehnten
die Blüten ernährte,
so dunkelrot,
duftend.

Plötzlich
durchfurchten die Finger
die verlorene Erde,
den gemarterten Boden,
— wer gab den Befehl? —
sie lösten behutsam
den Ursprung der Pflanze.

Mit zitterndem Herzen,
mit bebender Seele
trug ich das Kleinod
über grausame Grenzen
von Osten nach West.

Nun grünt es im Garten,
es wuchert, es wächst
und mit ihm die Hoffnung
auf Knospen und Blüten,
auf Früchte und — Frieden.

Mein neuer Garten

Immer wieder wandern
meine Schritte und Blicke
zu Blättern und Blüten
meiner Pflänzchen und Bäume,
meiner Stauden und Sträucher,
immer wieder.

Vom ersten Erwachen
bis zum Winterschlaf,
bei Schnee und bei Regen,
bei Sonne und Wind,
im Morgendämmern,
im Abendgrauen
werd' ich nicht müde,
meinen Garten zu graben,
zu säen, zu pflanzen,
zu jäten, zu hacken,
zu schneiden, zu pflücken,
zu ernten die Freude —
immer wieder aufs neue,
gestern und heute,
noch viele Morgen erhoffend.

Furchen und Fugen

Furchen und Ängste ziehen
Grenzen und Gräben
in Felder und Fels
wandelbarer Erwartungen,
kerben Rillen und Risse
in Hoffen und Sein,
reißen Falten und Runzeln
ins Gesicht, in die Seele.

Doch je tiefer die Furchen,
je ärger die Ängste,
desto wundersamer wurzeln
Samen der Zuversicht,
des Wagens, neuer Wünsche
in Zwiespalt und Zweifel.

Es füllen sich wieder Fugen,
die Furcht und Bangen geborsten,
mit Mörtel der Menschlichkeit
zu Füreinander und Miteinander,
festigen sich in der Flamme,
die das Dunkel durchzuckt.

Verschütterter Glauben schwingt sich,
erst schweigend, dann anschwellend,
aufbrausend, tausendstimmig-tönend,
mit gewaltiger Klangkraft
wie eine Fuge empor.

Furchen werden zu Fugen!

Lichterspeere

durchschwirren
Nächte und Nebel,
durchdringen
Tage der Täuschung,
erkämpfen
den Sieg der Versöhnung,
der Liebe, des Lebens.

Lichterspeere
verwunden dich nie!
Lichterspeere
sind Balsam und Bote!

Sonne ist überall

über den wallenden Wolken,
über den steinernen Stätten,
den Denkmälern und Domen,
Kulturen und Kunstwerken
längst vergangener Zeit,
aber auch über den Hochhäusern,
dem Treiben und Toben
unserer Wirrwarr-Welt,
über den Wiesen und Wäldern,
den fruchtenden Feldern,
über träumenden Tälern,
über Gipfeln und Graten,
über Wüsten und Wassern,
auch über Tundra und Taiga,
über Anden und Arktis!
Selbst Schlachtfelder überscheint sie,
Zerstörung und Streiten
um Macht und um Mammon,
unsere Sonne.

Oh, könnte sie jeder Kälte wehren,
die Körper und Seele verkrampft,
oh, könnte sie alle Ketten schmelzen,
die Mißgunst und Machtgier geschmiedet,
unsere Sonne!

Südliche Träume

Säusle in der Sonnenglut,
sanfter Wind!
Wiege der Papyrusstaude
schlanke Stengel,
laß der Blätter Fächerfinger
meine Stirne kühlen!

Plätschre Brunnen,
emsig-leis!
Tröpfle über steinern Rand
Wasserperlen,
laß sie meine heiße Haut
netzen und erquicken!

Blühe, dufte in das Lackblau,
Gold-Mimose!
Schütte Schatten über mich,
Schlummer und Vergessen!
Laß die Ängste mir versinken,
laß sie lösen sich in Lethe!

Der große Maler

Hinter den geschloss'nen Augen
mischt der große Maler mir
Himmelsblau und Sonnengelb
in ein zartes Immergrün,
sprüht es über braune Erde,
tupft die Farben der Palette
bilderbunt auf Blatt und Halm,
daß ich schaue, spüre, finde
Himmelslicht im Erdengrau.

Solange Schatten fallen

solange leuchtet Licht,

solange Sterne steigen,
strahlt wieder Sonne auf,

solange Träume kreisen,
entfalten Kräfte sich,

solange Augen weinen,
erwacht ein neuer Trost,

solang' das Herz kein Stein ist,
stirbt auch die Hoffnung nicht.

Solange Schatten fallen,
solange leuchtet Licht!

Glücks genug

Ein blühender Apfelbaum,
eine ameisenfleißige Amsel,
ein warmer, sanfter Wind
und Sonne, Sonne, Sonne!

Ein Mensch, der mit dir
wandert die steinigen Wege,
wunschstumm vorwärtsstrebend,
satt vom Sehen und Fühlen,
still vom Staunen und Danken,
ein Mensch, der dich stützt,
wenn du zögerst und strauchelst.

Darüber dein Gott!
Glücks genug!

JAHRESRING

> . . . wurden alle wieder
> eine weiße Sonne.
>
> Carossa

Wintertag

Grau hängt der Himmel und schwebt
schweigend über verschneitem Land.
Geduldig ducken sich Fichten
unter der weißen Gewalt.
Saat schläft versunken im Schoß der Erde,
Wiese träumt fröstelnd vom Frühling,
Getier kaut kärgliche Nahrung,
fürchtend den Fall neuer Flocken.

Plötzlich treibt Wind die Wolken,
wirbelt den Schnee zu Wehen,
fegt eisig über die Felder.
Es brodelt und brandet über dem Land,
bis Sonnenstrahlen erbarmend brechen
sich blinzelnd Bahn aus wachsendem Blau.

Hoffnung glitzert im Glanz
der erwärmten Decke des Winters,
Ahnen von knospender Kraft,
zitternde Zeichen
neuen Werdens und Wachsens
durchdringen, durchglühen
Kosmos und Kreatur.

Licht wird besiegen, versenken
Frost, Kälte und Furcht,
Licht wird wieder erwecken
Leben, Liebe und Glauben.

Bodenseebirke

Bodenseebirke im Februar,
du bist mein Spiegelbild!
Gleich dir stehe ich stumm,
Erwachen erwartend,
von Wolken umwogt,
ersehnend die wärmende Sonne.

Noch ruhet sich sammelnd der Saft
in winterlich schlummernden Wurzeln,
doch bald steigt er stürmisch empor,
sprengend die sprossenden Knospen,
bildend Blätter von zartestem Grün
und Kätzchen, umkost vom Winde.

Wenn alle gefiederten Freunde,
die heute noch abhängig
von des Menschen helfender Hand,
und alle zurückgekehrten Zugvögel
wieder singen und zwitschern in deinen Zweigen,
wird auch der Wanderer wieder verweilen
in deinem schattigen Schutz,
erschauend die Berge der Schweiz
über dem silbernen See.

Dann hat auch mein hoffendes Harren
endlich ein Ende,
auch in meinem Stamm strömen wieder
erquickende, quellende Kräfte,
die aus Trauer und Tiefe
wirken in himmlische Höhen,
weitend den Blick für das Wahre.

Sonnenhungrig

Auf eiliger Fahrt durch Frankreich,
suchend den sonnigen Süden —
schau, rechts die Rhône!

Abendsonne versilbert
flimmernd die trägen Fluten,
weckt der Weiden und Pappeln
erste gelbgrüne Sprossen
und den zartrosa Zauber
des mächtigen Blütenmeers
der Mandel- und Pfirsichbäumchen,
die drängend und ungeduldig
den Tag der Reife erträumen.

Die nahende Nacht
senkt laue Frühlingsluft
über Höhen, Hänge und Täler,
der sanfte Wind singt
sie in Schlummer und Schlaf.

Morgen wird wieder das Licht
kosen und sprengen die Knospen,
wird auch dich wieder wärmen,
durchströmen vom Azur-Gezelt.

36 Stunden später:

Ein neuer Tag taumelt empor
über den grauen Gipfeln der Sierra Nevada,
der Glutball wächst in das Stahlblau
des südlich-seidigen Himmels,
verkupfert das kahle Gestein,
umstrahlt, umschmeichelt bizarre Zweige
des hundertjähr'gen Olivenhains
auf felsigem Feld.

Nur eine kurze fliehende Stunde erfreut sich
das ausgedörrt-durstende Land
des rasch steigenden Gestirns.
Dann duldet es lautlos unter der sengenden Last.

Doch du ersehnst die Strahlen der Sonne,
ihre Beständigkeit am nahen Gestade des Meeres,
hungrig nach ihrer wohligen Wärme,
umfangen, erfüllt vom südlichen Hauch.

Frühling

Südwest jagt Wolken,
wirbelt Schneeflockenschwaden
— letzte? — über lenzdurstiges Land,
geduldiges, sonnensehnsüchtiges!
Plötzlich durchzucken, durchpulsen
zaghafte Strahlen das Grau,
dankbare Erde dampft
in wachsendes, wärmendes Blau.

Zwischen prall-beperlten Grashalmen
recken Gänseblümchen
ihre Blütenkorbköpfchen.
Spatzen tschilpen
im knospenden Kirschbaum.

Frühling weckt singend
Samen, Erwartung und Wagen
dir und auch mir.

Frühling in Bad Krozingen

Diese kristallklare Kühle
einer Frühlingsfrühe!
Dieser Taudunst über dem Rheintal
zwischen Wogesen und Schwarzwald,
über den schwellenden, schweigenden Gärten,
der den Schlummer der Blüten umschwebt,
zart, zauberhaft!

Das steigende Gestirn
berstet geballte Knospenkraft,
entfesselt das Farbenspiel
des Grün — Weiß — Gelb,
des Rosa — Blau — Rot,
weckt das Jubeln gefiederter Freunde
der Seele, den Sinnen
Sehnsüchtiger, Sonnenhungriger.

Beredte, staunende Stille
webt den erwachenden Tag.
Gottes Atem
über dem lieblichen Ländle!

Abend im Rhônetal

13. Juli 1978

Wenn das Rosarot des Himmels
sanft ins Violette sprießt,
wenn das satte Grün der Hügel
seidig in ein Graublau fließt,

wenn die wilden Tauben gurren
durch die laue Abendluft,
wenn die Schwalben zwitschernd schwingen
ihre Flügel durch den Duft,

der von würzigem Wacholder
um das Laub der Eichen streift,
wenn dort Hafer, Weizen, Gerste
bald' gem Schnitt entgegenreift,

brech' ich lächelnd Immortellen,
schwefelgelb der Blütenstand,
daß mir seliges Erinnern
bleibt durch dieses Unterpfand.

Wenn der Sommer so durch Auge,
Nase, Ohr und Gaumen dringt,
daß des Alltags Last und Bürde
wie ein Traum ins Nichts versinkt,

wenn der Dämm'rung Dunst und Schleier
dann das Herz in Ruhe hüllt,
wenn das fahle Licht des Mondes
Sinn und Seele tief erfüllt,

denk' ich, wie vor vielen Jahren
Menschen hier in dieser Nacht
keine Ruhe, Stille fanden,
weil den Sturm auf die Bastille
hat der neue Tag gebracht.

                        für Lilo und Karl

Verzauberte Nacht

die das Leuchten der Sonne
noch in sich trägt!
Eben der Glutball versunken
hinter den Schären,
vergoldet er noch
die blaugrauen Wasser
des schweigenden Fjords,
bewahret, bereitet
das Gelb — Rosa — Rot
des flammenden Himmels
dem erwachenden Tag.

Denn kaum dem Auge entschwunden,
sendet das helle Gestirn
seine zuckenden, gleißenden Strahlen
schon wieder ins flimmernde All,
wächst zur glühenden Kugel,
die in der Mittsommerzeit
ihr Licht, ihren Glanz, ihre Kraft
dem Norden verschwenderisch schenkt.

September in Nußdorf

Letzte Septembersonnenstrahlen
durchzittern den Zauber
eines trunkenen Tages,
der sanft sich neigt in die Schale der Nacht.
Wispernder Wind spielt
mit den Blättern von Weide und Birke,
wirft plätschernd die Wellen
ans stille Gestade.

Gelbrosa Farbflöckchen
schwimmen schweigend im Dämmern
über den lautlos singenden See,
den Schwäne in stolzer Schönheit durchfurchen.

Die silberne Sichel des Mondes
bewacht und bewahrt
Gedanken und Drängen,
Frieden und Frohsinn
dem neuen, sich nahenden Morgen,
der ewig das Dunkel versenkt und besiegt.

Goldene Oktobersonne

Trübsinnig und traurig,
kühl und nebelnaß —
das Gesicht dieses Sommers.
Er schlich, auf seinen Schultern
die Last der launischen Wolken
tränenwund tragend,
über das fröstelnde, feuchtkalte Land.
Hände und Herzen erstarrten.

Doch nun überstrahlt beständig,
wonnig-verwirrend, unfaßbar,
Oktobersonne versöhnend
alles mit goldenem Glanz.
Ringelblumen, Dahlien, Rosen,
Astern, Tagetes recken ihr Antlitz
verlangend zum Licht,
neu entfaltend die Farbenpracht
ihrer Blütenblätterköpfchen.

Grünes Laubwerk wandelt sich
emsig in heiteres Herbstbunt.
Früchte, Trauben und Nüsse
wachsen und reifen nun rastlos,
die Süße sammelnd, bewahrend.

Doch auch des Menschen Gemüt
öffnet sich weit den Wundern,
die Blick und Seele entbehrten
im wochenlang währenden Grau,
speichert die Lichterspeere,
damit sie durchzucken das Dunkel
der nahenden Nächte des Frostes.

Novembergedanken

Gestern noch schwebten lautlos
bunt-leuchtende Blätter
auf Wiese und Weg —
herbstsonnige Hoffnung!
Raschelnd durchfurchte dein Fuß
das Grün — Rot — Braun — Gelb
der prunkenden Pracht.

Heute umschleiert nieselnder Nebel
das letzte sterbende Laub
von Akazie, Ahorn und Eiche,
von Kastanie, Buche und Birke,
entblättert die zitternden Zweige,
bis sie schmucklos und schwarz
bereit, zu empfangen glitzernden Reif,
Frost und die wirbelnden Flocken.

Dann wird das weiße Kleid des Winters
zieren die bizarren Äste,
hütend, umhüllend die Knospen,
die Sonne und Lüfte des Lenzes
zu neuem Werden erwecken,
zum Grünen, Blühen und Fruchten —
ewiger Kreislauf des Lebens!

So darfst auch du nicht verzagen,
wenn traurige Tage und Stunden
lähmen dein Streben und Strömen.
Licht und Güte des göttlichen Seins
schenken zum Schaffen dir Kraft,
Rat, immer zur richtigen Zeit.

Trostlose Novembertage?

Nicht im Tegernseer Tal!
Sie schenken dir schauend,
bereit zum Bereichern,
weitgefächerte Freuden,
geschöpft aus den Schätzen
hautnaher Natur,
trotz wechselnden Wetters.

Alles erfüllt dich mit Frohsinn,
wenn du nur willst:
naß-neblige Wolken,
wild-stürmische Winde,
leis-rieselnder Regen,
scheu-fallende Flocken,
umhüllend und heilend
die wundwehe Welt.

Doch plötzlich prangt wieder
die segnende Sonne
als Herold und Hüter,
durchdringend das dunkle
Gewölk überm Wallberg,
ersteigend das Stahlblau
des Zauber-Gezeltes,
versilbernd den Rauhreif.

Dort am Damme der Weissach
stapft fleißig dein Fuß
durch das gleißende Glitzern
paradiesischer Pracht.
Stolz strecken sich
Fichten und Föhren,
umringt und berauscht
vom schmückenden Schnee,
der schmelzend und schwebend
durch Wärme und Wind
bewirbelt die Wange,
netzt Nase und Haar.

Nur krächzende Krähen,
wildgurgelnde Wasser,
perl-plätschernde Bäche
sind Laute des Lebens
in staunender Stille
glück-schwangeren Schweigens.

Wohl dir, wenn du findest
in grau-trüben Tagen
dein trostreiches Tal,
dein friedvolles Fest,
das öffnet der Öde
des irrenden Innern,
des mangelnden Menschseins,
des mordenden Machtwahns
die Tür zum Vertrauen,
zum dankenden Denken,
zum leuchtenden Licht!

Weihnachten

sollte Weihe bedeuten,
Stille und Staunen,
Singen und Sagen
von selbstloser Liebe,
von schenkendem Schutz,
von Gnade, innerem Glanz,
Danken und Denken
an Christkind und Krippe,
an Stall und an Stern,
die Zeichen und Zauber
allmächtigen Ankers,
Vergebung und Gabe,
Sinn menschlichen Seins.

Doch was heißt Weihnachten heute?
Hasten und Hetzen,
Flimmer und Flitter,
klingelnde Kassen,
Mißgunst und Masken,
Übertreffen, Übertrumpfen,
Erhaschen und Horten
von Talmi und Tand,
Genießen und Naschen,
wo darben und dursten
Millionen von Menschen —
Kälte trotz brennender Kerzen.

Laßt wieder uns lieben,
annehmen und nennen
der Gotteshuld Güte,
die Wahrheit und Wandlung,
die lautlose Rettung
von Ichsucht und Irren
verhärteter Herzen,
verschenken und schaffen
die Hilfe und Heilung
für suchende Seelen,
den Frieden, die Freude —
für dich und für mich!

GESPRÄCHE UND ZURUFE

> Innere Wege zu tun
> an der gebotenen Stelle,
> ist es nicht menschliches Los?
> Anderes drängt den Taifun,
> anderes wächst mit der Welle, —
> uns sei Blume — sein groß.
>
> Rilke

Wegwarte

Wie die Wegwarte
stehst du in Staub und Sturm,
zwischen Steinen und Sternen,
am Wege dieser Welt.
Erdenlos, Erdenleid
duldest du,
Mangel und Mühsal.

Dennoch — oder gerade deshalb —
treibst du Träume
sehnend zur Sonne
wie Blüten und Blätter,
bringst Frucht, Botschaft und Hoffnung
wie der still-blaue Strahlenkranz
der Wegwarte.

Wenn du genügsam wie sie,
schrecken dich Durststrecken nicht,
die qualvoll das Dasein durchqueren,
doch erquickenden Quell verheißen.

Es kann keine hastige Hand
die zähstenglige Pflanze pflücken.
Wenn du standhaft wie sie,
wird keine menschliche Macht
dir Wollen und Können knicken,
dem Nächsten Nachbar zu sein,
dem Nächsten, der wartet am Wege.

Ideen

Ideen
schlummern
in dir,
in mir
wie Tulpenzwiebeln
im Winterbeet.

Ideen
keimen und sprießen
wie Buschwindröschen
im Frühlingswald.

Ideen
wuchern und ranken
wie Heckenrosen
am Sommerweg.

Ideen
fruchten und reifen
wie Ebereschen
im Herbstgeleucht.

Wie Jahresringe
wachsen Ideen,
ob Sonne, ob Regen,
ob Sturm oder Stille.

Ideen
sind Lebenskräfte.
Töte sie nicht!

Was bleibt?

Du Buch der Natur,
du Welt der Bücher,
jedes Kapitel,
jede Seite
ist mir zugleich
weitoffene Schale
und tief-tiefer Bronnen,
erregend,
bewegend,
erhebend
Gedankenflügel,
die sich schwingen
lautlos
zwischen Himmel und Erde,
zwischen Traum und Wirklichkeit,
bis sie entbrennen.

Was bleibt?
Lodernde Flamme,
glimmende Glut
oder Asche?

Wie lange ist es her?

Wielange ist es her,
daß du durch eine blühende Wiese schrittest,
daß du am Wegesrain Blüten schnittest:
Schafgarbe, Kornblumen, roten Klee,
Lichtnelken, Margeriten und Mohn?

Wielange ist es her,
daß du einem hoppelnden Häschen nachblicktest,
dein Auge einem gaukelnden Schmetterling nachschicktest:
Zitronenfalter, Pfauenauge,
Seidenspinner, Schwalbenschwanz?

Wielange ist es her,
daß du hörtest das Trappeln von Rinderhufen
und der Vögel Zwitschern, Schreien und Rufen:
Kuckuck, Käuzchen und Fasan,
Buntspecht, Schwalbe, Sperling?

Wielange ist es her,
daß du den Wind geschmeckt auf der Zunge
und den ozonreichen Fichtenduft in der Lunge?

Wielange ist es her,
daß du fühltest die Schwere der feuchten Erde,
in der noch aufkeimt der Same, noch gilt: Es werde?

Wielange ist das alles her?
Weißt du es nicht mehr genau?

Dann eile schleunigst hinaus,
laß deine Sinne sich freuen
an dem, was da kreucht und fleucht,
an Äckern und Ähren,
an Wolken und Wind
und an der Sonne auf sattem Grün!

Und nimm einen Feldstrauß mit heim!

Eine einzige zartrosa Rose

Eine einzige
zartrosa Rose
kann Brücken zaubern,
kann Sendbote sein,
kann Dunkel durchdringen,
kann lähmende Sorgen
durchsonnen und lösen.

Eine einzige
zartrosa Rose
kann heller brennen
als hundert Kerzen,
kann tröstender reden
als tausend Worte.

Weißt du,
wieviele warten
auf das Wunder
einer einzigen
zartrosa Rose?

Wolken

Wolken,
wollt ihr nicht weichen
vom Sommergezelt? —
Nein, uns drückt
trostloses Tief
auf frierende Flur,
in naßkalter Kühle
erstarrend, ersterbend!

Wolken,
wollt ihr nicht weichen
von meinem Gestirn? —
Nein, du mußt noch ertragen
mehr Schmerzen und Schläge,
zertretene Träume,
bis du den Sinn des Seins
im Dulden erspürst!

Sonne,
wann läßt du versiegen
Tränen des Himmels,
Tränen des Herzens? —
Bald !
Warte ein wenig !

Zuversicht

Hänge deine Hoffnung an die hellsten Sterne,
senke deiner Sorgen Steine in den tiefsten See,
flieh' mit deinen Träumen in des Friedens Ferne,
webe in den Blütenteppich all' dein wurmend Weh!
Wahre deiner Liebe Leuchten in dem Irren,
grabe deine Ängste in des Glaubens fruchtbar Feld!
Spürst du dann nicht Trost und Tragen in den Wirren,
fühlst du nicht die feste Hand, die dich führt, die dich hält?

Gedankenfreund

Wünsche wecken,
Träume tragen
trostreich in die Tiefs
dieser wild-verworrnen Welt,
Sonne sehen,
Frieden fangen,
hortend, aus den Hochs
glückerfüllten Fließens —
das sei dir Sinn und Ziel
befreiten, befreienden Lebens!

Drum dämme, Gedankenfreund,
mit mir:
Abgrund und Angst,
Hunger und Haß
und Mißbrauch der Macht!

Hilf, Hoffnung zu säen
und Leiden zu lindern,
schenk' Freude und Frohsinn,
wahr' Stimme und Wollen
zum Danken und Dienen,
zum Trösten und Teilen!

Ermunt're die Müden
und leite die Lauen,
geh' weisend die Wege,
die steinig und steil
den Höhen, dem Himmel,
den Sternen zustreben!

Rettend reiche allen die Hand,
die strauchelnd Stütze und Halt
und Sockel und Säule suchen,
Gedankenfreund!

Los Alfaques

14. Juli 1978

Da drüben starrt ausgestorben
der Campingplatz ,,Los Alfaques''
bei San Carlos
an der Costa dorada
in gleißende Abendglut.

Der Tod traf dort wie ein Blitz
aus heiterem Himmel,
wie eine berstende Atombombe:
Männer, Jünglinge und Bejahrte,
Frauen, Mütter und Mädchen,
Kinder, knospende Unschuld.

Der gefräßige Knochenmann fragte nicht
die Spielenden, nicht die Speisenden,
nicht die Ruhenden, ob sie bereit wären.
Geschmiedet Verschwörung mit Satanas,
schleuderte er die infernalische Fackel
auf ihre lebenshungrigen Leiber,
die eben noch kosend geküßt
von der südlichen Sonne,
von den wogenden Wellen.

Nun lagen sie zwischen Zeltgestänge und Blech,
versengt, verglüht, verkohlt
wie bizarre Zweige
eines verbrannten Olivenbaumes,
verstreut am Strand,
namenlos, lautlos.

Daneben schrieen die Schutzsuchenden,
denen noch ein Stück heile Haut
das Leben und Schreien erlaubte,
bis auch sie erlöst von den lodernden Qualen.

Andere starben auf der Straße der Rettung,
andere unter den Händen der Helfer
in Tortosa, Tarragona, Barcelona.
Einige werden genesen, Gottlob,
und mit denen, die leiblich verschont,
sich von Schock und panischem Schrecken
nur mühsam erholen und lösen.

Uns anderen wird dies Grauen entgleiten,
versinken, bis neues Entsetzen uns packt,
wenn Versagen von Mensch und von Technik,
Geschäftemacherei und schnöde Profitgier
entfesseln ein neues Inferno.

Doch kann der schlafen, der Unschuldige
durch sein Fehlverhalten entseelte,
Körper und Geist verkrüppelte,
lebenslange Leiden verursachte?

Drum wäge, bevor du wagst,
überlege, ehe du hastig handelst,
wo immer du stürmst: im Straßenverkehr,
im überstürzten Getriebe des Alltags,
damit dein Nächster nicht Angst und Schaden
durch dich erleiden, erleben, erdulden muß
und — damit keine Schuld den Schlummer und Frieden
der not-wendenden nächtlichen Ruhe dir raubt!

Frieden

26. März 1979

Frieden —
ein Wort, ein Wunsch,
ein Traum, ein Trost,
Wille und Weg,
Zeichen und Ziel
einer Sehnsucht?
Harren und Hoffen,
Zittern und Zagen,
zweifelnde Stimmen
trotz aller Verträge?

Gibt es aus Gestern und Heute
ein menschenwürdiges Morgen?
Kann duldsames Denken,
kann Handeln mit Herz,
können mutige Mittler
den Mißbrauch der Macht
wirklich dämmen und dämpfen?

Frieden —
nur ein Wort?
Oder
Brückenbogen
zu Miteinander
und Füreinander?

An Max Tau

Oslo, 30. Juli 1978

Hier schläfst du, Freund der Freunde,
hier deckt dich endlich Ruh
nach Irren und nach Wirren
des Lebens friedlich zu.

Du glaubtest an die Menschen
trotz aller Not und Pein,
du hast sie nie verlassen,
warst allen heller Schein.

Du liebtest Schlesiens Erde,
obwohl sie dich verbannt,
vergabest deinem Feinde,
wo immer er auch stand.

Du schriebst mir kurz vor'm Tode
ein anerkennend Wort;
das klingt mir tief im Herzen,
hallt in mir fort und fort.

Ich konnt' dir nicht mehr danken,
das hat mich stets bedrückt,
weil selten Worte haben
mich so beseelt, beglückt.

So steh' ich hier und suche
mit meinen Sinnen dich
und sag' dir Dank verspätet.
Freund warst du auch für mich.

An Agnes Miegel
zum 100. Geburtstag am 9. März 1979

Aus deinen Werken wirkt
still, doch tief wie ein Dolchstoß,
Ostpreußen: Ostseeküste
Masuren, Wasser und Wälder,
Scholle, Gestade, Bernstein,
Zauber steinerner Zeugen —
hinein in das herbe Vergessen
einer hastenden, gleichgültigen Zeit,
Verlornes beleuchtend, bewahrend,
Vergangnes der Gegenwart reichend.

Du hast uns Singen und Sagen
deines lichtstarken Landes
durch die Bilderbuntheit
deiner webenden Worte
hörend und schauend geschenkt.
Als Mittler hast du die Muschel,
die die Perle schlummernd umschloß,
zum Tönen, zum Brausen gebracht.
Stimmen der Wolken und Winde,
des fleuchend und kreuchend Getiers,
Luft, geschwängert mit Duft von Linden,
Wildrosen, Kiefern, Wacholder,
mit Salzhauch und Heidesand,
die wispernden Wunder der Ufer,
sagendurchwobne Mirakelwelt,
das alles hast du in unsere Seele gesenkt,
ewig, unvergänglich, glühend.

Dein Land lebt!
Durch dich!
Sei bedankt!

Deine Worte

für Heinz Piontek

Deine Worte,
geboren
aus schlesischem Schauen,
aus Flammen und Fragen,

geschöpft
aus Brunnen
und Gralsschalen,

geformt
aus Erdklumpen
und Nebelschwaden,

komponiert
aus Alltagsschreien
und Mozartweisen,

geprägt
von Wahrsein und Wundern,
von Hoffnung und Gifthauch,

gewoben
aus Unruh und Träumen,
aus Liebesschwüren
und Abschiedstränen,

gepflückt
aus Wäldern und Gärten,
von Wiesen und Wegrainen,
von Schutthalden auch,

geschmiedet
aus Erleben, Erlauschen,
aus Erahnen und Wissen,
aus Ertragen und Auflehnen!

Deine Worte,
Stützpunkte zwischen Sonne und Mond,
schlagen Brücken und Bogen,
bauen Terrassen und Türme,
knüpfen Knoten und Netze,
tanzen und schweigen,
zittern und trösten,
spiegeln und spielen.

Deine Worte
wehren Macht und Gewalt,
wirken und wachsen,
widerhakend, aufwühlend,
wellenwerfend, weiterwogend,
suchen die Ziele
zwischen Steinen und Sternen,
finden den Pfad
zwischen Dornen und Blüten,
wecken
Gedanken und Sehnsüchte.

Deine Worte
befreien.

Abschiedsworte

an Irmgard

Noch lebst du,
wehrlos, wund, gewürgt,
vom Giftstachel der Geißel
mitleidslos entmenscht.

Gestern noch sprühte dein Geist,
spielte leises, wunschstummes Lächeln
um deinen ermatteten Mund,
pochte dein hoffendes Herz,
das Liebe und Leid erfahren,
Freude und Frohsinn gegeben,
gläubig Gnade erheischend.

Nun senken sich Schlummer und Schatten
auf deine erlahmenden Lider.
Die hüllende Nähe der Nächte,
der Familie fühlst du nicht mehr.

Ich kann nicht mehr beten und bitten
um Verlängerung deines Leidens,
ich erflehe Erlösung, Erlöschen
dem flackernden Lebenslicht.

Dankbar gedenk ich
der glücklichen Stunden, der Straßen,
die uns Brücke und Band.
Sie bleiben verbindend gespannt
vom Diesseits zum Jenseits,
bis auch ich schweigend beschreite
den Weg in die Ewigkeit.

GLÜCKSELIG IST . . . . . .

      Die aber nicht kundig sind,
      Grauen in Liebe zu wandeln,
      die starr zum Falle hinzögern,
      oh, wer beschwingt sie?

                      Rilke

Erfüllung

Glückseligkeit dich erfüllt,
Befriedigung und Befreiung,
wenn vollendet ein Werk,
Aufgaben gründlich erledigt,
Probleme müh'los gelöst,
Druck und Bedrängnis gemeistert,
schwere Entscheidung gefällt,
barmherzige Hilfe vollbracht,
dienender Dienst geleistet,
Freude und Frohmut geschenkt.

Wenn solche Erfüllung beflügelt
erneut dir Seele und Sinn
zu fruchtendem Wollen und Wirken,
dann nutze die Stunde der Nacht,
erloschenes Licht zu entfachen,
werde Hüter und Wächter
der Flamme in allen Gefahren,
damit sie des Daseins Dunkel
durchleuchten, durchdringen kann!

Gedankenflut — Gedankenglut

Glückselig ist der,
dem drängend Gedanken
und immer Ideen
schwirren und schwellen
durch Herz und durch Hirn,
voll Glut und voll Gnade!
Glückselig,
wer aus Wunden und Weh,
aus tosenden Tiefen,
aus Schweigen und Schmerzen
kann erschauen und schöpfen
Liebe und Licht!

Glückselig ist der,
der Sehen und Suchen
kann gestalten und kleiden
in Worte und Weisen,
in Formen und Farben,
in tragende Träume,
die Wellen bewegen
und Kreise und Kräfte,
zu wirken das Wahre,
zu finden den Frieden,
zu schaffen das Schöne,
zu glauben das Gute,
zu hoffen das Höchste,
zu knüpfen die Knoten
mit Gottes Güte
zum Nutzen des Nächsten,
zur Segnung des Seins!

Gebet

Herr, himmlischer Vater,
du gütiger Gott,
beschirme und schütze
vor Argwohn und Angst,
vor Drohung und Druck
vor Hetze und Hast,
vor Greuel und Gier,
vor Nattern und Neid,
vor Roheit und Rausch,
vor Selbstsucht und Sumpf,
vor Schwäche und Schuld,
vor Schmerzen und Schmach,
vor Zaudern und Zwang!

Gib Kraft und gib Können
zum Dienen und Danken,
zum Helfen und Heilen,
zu Güte und Großmut,
zum Lernen und Lehren.
zum Lauschen und Laben,
zum Teilen und Tragen,
zu Einsicht und Suchen,
zum Wachen und Wagen!

Schenk' Friede und Freude,
schenk' Liebe und Lachen,
Gesundheit und Segen,
schenk' Nahrung und Notdurft,
schenk' Tatkraft und Treue,
Vertrauen und Trost,
Bedacht und Geduld,
bring' Klarheit und Einklang
in Heim und in Haus!

Herr, trockne die Tränen
und lindre die Leiden
und Qualen der Menschen
und meine mildere auch!

Glückselig werde ich sein,
wenn du, oh, gütiger Gott,
Teile des Flehens erhörst,
Teile des Hoffens erfüllst.

Wahre Werte

Glückselig ist der,
der nicht hänget sein Herz
an die Güter und Gaben,
die das lockende Leben
verzaubern und zieren,
doch vergänglich verglühn
im flammenden Feuer
der wirbelnden Welt.

Wohl dem, dem innere Werte
sind Stempel und Stimme,
sind Zeichen und Ziel
auf dem Wege der Wünsche,
auf der Straße der Stürme,
auf der Reise des Rausches,
auf dem Steg der Zerstreuung,
auf dem Pfade der Pflicht,
in dem Nachen zum Nächsten,
auf dem Gange zu Gott!

Glückselig ist der,
dem wahre Gesichter,
das wesentlich Sein
sind Quellen der Freude,
sind Quellen des Frohmuts
beim Wandern und Wirken
auf Höhen und Hügeln,
in Tiefen und Tälern
dieser gewaltvollen, wundwehen Welt.

Kindheit

Wie glückselig ist,
wer die Kindheit so klar
durchs Prisma der jäh vergangenen Jahre
noch finden und auffrischen kann,
daß Bild sich reiht an Bild,
und Blatt sich reiht an Blatt,
als wär' es erst gestern gewesen!

Ach, weißt du, wie wundersam doch
Tage so tränenschwer,
voll kindlichem Kummer,
voll jubelndem Jauchzen
sich entwickelten, wuchsen
zu Sternenstunden des Schicksals,
die heut noch helleuchtend bestimmen
den Weg durch das Dunkel der Welt?

Hörst du noch hallende Stimmen
im plappernd Geplätscher der Brunnen?
Siehst du die buntfarbig Bilder
in der Vergangenheit Glanz:
Postkutsche und Puppen,
Karusell und Kasperl,
wuchernde Wiesen,
Sperlingsnest im Spalier,
flammende Fieberträume,
Wunderwäldchen und Weymouthsfichte,
Eichenblätter und Efeugerank,
Schmetterlinge in Sommerschwüle,
Regenbogen, so rätselhaft,
knirschender Schnee und kristallklares Schlittengeläut
im eiskalten Winter, kachelofen-durchwärmt.

Glückselig,
wer als sicheren Schmuck darf besitzen
diese glänzenden Edelsteine
der strahlenden Krone der Kindheit!
Sie steigen und wachsen im Wert
und funkeln von Jahr zu Jahr reiner
im Zauber vergangener Zeit.

Schulzeit

Wenn ein einziger Gedankensplitter
an längst verschwundene Schülerzeit
ein ganzes Glockenspiel
bringt zum Erklingen, kannst
glückselig du sein.

Siehst du noch suchen uns
nach den ersten Blüten: Buschwindröschen
und knolliges Scharbockskraut?
Weißt du uns noch wandern
durch Ährenfelder und Äcker?
Hörst du den heulenden Sturm
in den knarrenden Knöterichästen?
Erinnere dich unsrer Ideale
im gewitterschwülen Schattengespräch!
Erkenne die markigen Kräfte
der jagdfrohen, drängenden Jugend!

Wie schön war die frisch-muntere Fahrt
zur ,,Penne'', der pausen-geliebten,
durch sommerselige
liebtraute Landschaft,
durch das waldkahle Katzengebirge,
durch die fruchtbaren Wiesen und Felder,
schauend den Segen noch unreifer Saat,
heilend' Kamille, Kornblume, so blau,
und später den Schatz des Sämanns,
gemäht von der Sense des Schnitters!

Glückselig,
wen solches Besinnen
im reiferen Alter beflügelt,
glückselig,
wem die Schatten der Lehrer,
die Lausbüberein der Schüler
verklärt, bekränzt und erhellt
im Licht der Vergangenheit glühn!

Liebe

Glückselig,
wer Liebe glutvoll erlebt
in lauwarmen Maiennächten
auf weichem Moos,
unter hilligem Ginster,
großblütigem Heidekraut,
wer wandelt in goldenen Mondscheingärten,
empfindet leidende Liebesqual
und wundenheilende Wollust,
spürt feurige Küsse,
hört flüsternde Klänge
unter altärengleichen Arkaden!

Wohl dir,
wenn schmeichelnde Schatten durchwandern die Nacht,
wenn Pfingst-Philadelphus betäubt deinen Sinn!
Wenn perlend tropfender Tau
die Stunde des Morgens zerteilt,
dann liebst du das Leben,
der Liebenden Lust,
den zehrenden Zauber
und wünschest, daß weiter
der Wonnequell woge,
lindernd die lähmende Qual.

Glückselig,
wer daraus kann schöpfen schaffende Kraft,
menschliche Krisen zu meistern,
ewige Knoten zu knüpfen!
Lieb' ist zerstörendes Spiel,
Liebe ist glimmender Span,
aber auch stetige Glut.

Krieg

Glückselig bist du,
wenn dir blieben zu spüren erspart
heulende Bomben, haßlodernder Krieg,
kämpfende Völker, hungernde Kinder,
blutende Wunden und wankende Berge,
unsichere Füße und frierende Seelen,
weinende Witwen und wimmernde Waisen,
Vermißte, gesucht von Herz und von Sinn,
verschollen trotz schauender Blicke.

Wann mag die gottferne Menschheit
denn endlich verstehend begreifen,
daß Krieg nur Kerker und Ketten,
schwere Betrübnis und schneidender Schmerz,
zerschundene Körper und Krüppel,
Krebsschaden, Knebel und Kreuz,
Hexenkreis, von der Hölle umkrampft,
der stolze Träume zerstört
dem Besiegten und auch dem Sieger?

Darum hilf, Hoffnung zu wecken,
Verstehen unter den Staaten,
indem du dem einzelnen Fremden
bringst Freundschaft und Frieden ins Haus!
Wenn alle zeigen Verständnis,
zielstärkendes Zauberwort,
muß der Garten Eden einst grünen
als größtes Wunder der Welt.

Glückselig werden wir sein,
wenn sich fruchtend erfüllen
winzige Teilchen dieses hegenden Wunsches
in dem noch traurigen, trostlosen All,
Alpha und Anker des Strebens.

Auch du trägst Verantwortung mit,
bist Gabe und Aufgabe gleich,
zu erreichen das rettende,
scheinbar menschen-unmögliche
zukunftsträchtige Ziel.

Heimkehr

Gebrochen, geschlagen war der,
dem ein geliebter Mensch ward vermißt
in diesem so dornigen Krieg.

Es senkten die trän-nassen Nächte
doch Zweifel und Zwiespalt ins Herz,
verwirrten die wartende Seele,
verzehrten den zündenden Blick,
schufen rasch wachsende Schuld,
lenkten liebe Erinnerung ab,
daß Hoffen und Harren,
daß Sehnen und Suchen
waren hart zu behaupten,
waren schwer zu entschatten.

Glückselig warst du,
als erstes zeugendes Zeichen
des wiedergewonnenen Lebens
als Himmelsgeschenk erschien.
Die Tage betäubenden Werkens,
die Nächte des nagenden Wachens
waren Warten auf Wiederkehr.

Glückselig warst du,
als endlich erstrahlte
die Sternenstunde der Heimkehr.
Erlittene Leiden verstummten,
versanken beim Wiedersehen,
einem wonnetrunkenen Traum
ward schönste Erfüllung geschenkt.

Wer Frieden und Glück will gewinnen,
muß Sehnsucht säugen und nähren,
muß Verzagen und Zaudern ersticken,
damit der Phönix der Asche entsteigt.

Familie

Glückselig,
wem Familie und Ehe
Fackel und Fahne stets sind,
die beflügeln zu tauglichem Tun!

Der Strom eures hurtigen Lebens
stürzt stolpernd und hindernisreich
zu stiller Unendlichkeit hin.
Niemals erreicht ohne Nächte
er — und auch ihr — ewiges Ziel.
Wer immer Verständnis erstrebt,
muß Illusionen ersticken,
muß mäßigen Anspruch auf Macht.
Oh, helft alle Wunden zu heilen,
die schnell ihr dem Partner geschlagen,
versuchet den Segen zu fangen
durch eurer Gemeinsamkeit Mut
und erkennet im schmerzend Gebären
die Krone der Erdenbahn an!

Wenn Kinder auch bringen Bedrängnis
und Kummer und krümmendes Leid,
so schenkt doch kein andres Besitztum
solch wachsende Segnungen euch.

Drum nutztet die Zeiten des Wanderns
im Zenit dieses Weltalls dazu,
zu schenken Frieden und Freuden
den Fremden und eurem Geschlecht!
Übersehet die Mahnmale nicht,
zu mildern die Nöte des Nächsten,
denn schnell kommt die Stunde des Abschieds,
wenn das Schicksal erbarmungslos schlägt.

Glückselig seid ihr,
wenn die Zelle eurer Familie
befruchtet, ermuntert die Freunde,
ermutigt und spornt sie an,
auch Vorbild den Spielern zu sein,
die dem Fels dieses Lebens noch fern.

Mutterschaft

Glückselig,
wer werdendes Leben empfängt,
schützt das befruchtete Pfand,
tragend das keimende Kind
im wachsenden, wärmenden Schoß!

Wenn die Monde des Mutter-Werdens,
des Erwartens Wochen erfüllt,
der Tag des Gebärens bricht an,
die Wehen schneidend erwachen,
naht die Stunde, die nichts dir schenkt,
die kreißend alle Kräfte verlangt
zum Atmen und angstvoll Dulden,
bis endlich befreit ist der leidende Leib.

Wenn der erste Schrei erschallt
deines eigenen Fleisches Fleisch,
deines eigenen Blutes Blut,
erlösender, rettender Laut,
sind alle Schmerzen verschwunden,
und alle Furcht ist verflogen,
vergessen sind grundlose Sorgen,
überwunden ist pressende Pein,
nur tiefgreifend stilles Glück
erhebt erfüllend dein Herz.

Glückselig,
wer betend gebärt
und dankbar und drängend
Besitz sucht vom Kind,
ganz gleich ob es Mädchen, ob Bub,
spendet ihm Nahrung und Namen
und sich ein Leben lang müht,
ihm den rechten Weg zu weisen.

Glückselig bist du,
wenn dir das leicht und lenkend gelingt!

Beruf-ung

Wie glückselig ist,
wer bereit und berufen
zu heilender Hilfe
am seelisch und körperlich Kranken,
zum Raten und Rechttun
auch gegen den Mammon,
das mächtige Geld!

Der Gedanke des Dienens,
der Großmut und Menschlichkeit
schenke Kraft dir und Kampfgeist,
trotz Wirrsal von Macht und Gewalt
bindende Weisung zu wecken,
zu lindern Leiden und Schmerzen,
Rede und Antwort der armen Seele,
dem Erschöpften Ruhe zu schenken.

Zu helfen in Not und in Nacht,
zu raten nach Gewissen und Wissen,
zu befreien von Wunden und Wahn,
nicht zu scheuen Verzicht und Opfer,
sei oberstes Streben und Zweck
eines gesegneten Seins.

Glückselig,
wer hilflosen Herzen,
dem nestlosen Nächsten
suchend und gastlich begegnet,
verlor'ne, verlockende Ziele
wieder entdeckt und deutet
und mutig und mächtig sie anstrebt,
sich selber vergessend, vergeudend!

Wer Großes will wirkend erreichen,
muß Selbstsucht und Ich überwinden.

Helfende Hände

Helfende Hände,
voller Kraft, auch mit letzter,
zu spüren,
ist unsagbares Glück,
Frieden und Freude,
Geborgenheit, Rettung.

Helfende Hände sind:
Worte und Blicke,
Da-Sein und Hören,
Vertrauen — auch blind — ,
Gönnen und Geben,
nicht nur vom Überfluß.

Helfende Hände können auch sein:
Wünsche verdrängen,
geduldiges Warten,
Vergessen, Vergeben,
Verzeihen, Verzichten.

Mögest helfende Hände
du fühlen,
wenn du verzagt,
wenn einsam du bist.
Aber vergiß nicht,
selbst helfende Hände entgegenzustrecken
denen, die auch verzagt,
auch einsam wie du!

Helfende Hände zu spüren,
ist unsagbares Glück,
helfende Hände zu reichen,
höchste Glückseligkeit!

Zeichen und Taten

Glückselig ist der,
den des Nächsten Not rühret,
den das Elend des Fremden beflügelt,
zu spenden Speise und Trank,
zu schenken Hülle und Heim,
vergessend eigenen Gram.

Wen klagende Kinderaugen,
verletzte, leidende Seelen,
flehende, frierende Hände
bittend bedrängen,
der muß doch helfen und heilen,
auch wenn eigener Kummer ihn krümmt.

Habt immer offene, opfernde,
heiße, bereite Herzen
für den flüchtenden Fremdling,
für den gottfernen Gast
dieser wundenschlagenden Welt!

Wem Kraft und Können geliehen,
der labe den leidenden Menschen,
der nähre den hungernden Nächsten.

Glückselig,
wer fremden Schmerz fühlet,
den Blick verschließet nicht blind,
wer liebevoll lindert,
wer mütterlich mildert,
wer wendet und wandelt
den Jammer zum Jubel!

Selig,
wer holet das hilfesuchende,
verstoßne, verschreckte Geschöpf
nackend ins wärmende Nest,
sorgend für seine Seele,
stillend Bedürfnis und Durst,
denn die Gnaden, die andern gegeben,
fließen glückerzeugend zurück.

Deine Taten werden gewogen,
deine Zeichen werden gezählt,
sie bleiben ständig bestehen,
wenn schöne Worte verwehn.

Flucht aus der Enge

Glückselig bist du,
wenn Ferien und Urlaub
dich lösen von Lasten
des angstvollen Alltags,
entkrampfen die Seele,
verklären den Sinn,
wenn gleiten und fallen
wie Hüllen und Grenzen
die Sorgen und Nöte
von Nacken und Saum.

Glückselig bist du,
wenn schon e i n strahlender Tag,
ja, auch kurze trunkene Stunden
der eiligen Flucht aus Bedrängnis
und Enge des eigenen Reichs
dich lassen lächelnd vergessen
die täglichen Bürden,
die bitteren Töne,
die drückenden Wolken,
die drohenden Winde.

Entfliehe, so oft du vermagst,
dem Gleichmaß der Dinge,
schaue ins innere Ich,
lern still und beständig zu sein,
dann schöpfest du schaffende Kraft,
wieder Kummer und Kälte zu dämmen.

Spanien

Glückselig ist,
wer friedvoll faulenzen kann,
entflohen Alltag und Arbeit,
unter Spaniens silberner Sonne,
die flimmernd und fleißig
durch die blaugrünen Blätter
der mächt'gen Mimose dringt,
wer durstet und denkend
sich labt an dem Logos der Großen,
einsaugend betörende Düfte
subtropischer Träume:
Oleander, Orangen,
Yukkapalme, Jasmin,
hehre Zedern und hohe Zypressen,
umschmeichelt von fröhlichen Farben:
Hibiscus, Plumbago,
Bouganvillea, Lanata.

Glückselig,
wer Wellen und Wind,
wer Seesand und Salz
mit Herz und Haut kann genießen,
wer beim Abschied — adios —
von den buntschillernden Blüten,
von den wallenden Wogen,
von den strahlenden Sternen
darf dankbar durchdrungen,
nicht leidend, nur lächelnd,
nicht schmerzvoll, nur schauend
schon wieder sich sehnen
nach dem sonnigen Süden!

Fünf rote Röschen

Nur fünf rote Röschen,
fünf mattrote Moosröschen
sind mein Geburtstags-Gebinde für dich.

Wenn du wüßtest,
wie tieftraurig
mich das macht,
du würdest mich trösten,
mir trocknen die Tränen,
die regengleich rinnen,
bar aller Hemmung und bar jeder Hoffnung,
am trugvollen Tag
und im Nebel der Nacht.

Aber ich nenne dir nicht die Nöte,
die zersägen die Seele,
zerhacken mein Hirn,
mich führen in friedlose
Irre des Insel-Seins hin.

Zu tragen ohne Trost
die Lasten und Bürden ist bitter,
denn es bricht und verbraucht
letzte erlöschende Kraft.

Doch auch Glückseligkeit gibt,
den Seinen durch Selbstaufsichnehmen
pressende Pein zu ersparen,
sie schonend zu schützen
vor lähmendem Leid.

Glaub', immer führt irgendein Pfad
aus dornigstem Dickicht hinaus.
Allein dein Gott weiß den Weg.
Bleib' im Vertrauen nur blind!

Tod eines Freundes

für Annelie

Wenn dein Antlitz von Angst
und bangem Zagen gezeichnet,
wenn dein Herz und dein Hirn
von Not und Kummer durchkrampft,
wenn kein Weg sich aus Weh
und Schmerzen erschließt,
wenn du wankend erwägst,
das Leben selbst zu erlöschen,
zu enden die elende Qual,
dann erfühle das furchtbare Leid,
das Menschen müssen ertragen,
die ihr Liebstes für immer verloren
aus frohen Schaffens Erfüllung,
mitten aus Helfen und Heilen,
aus Da-Sein und Denken für andre.

Erspüre Verlust und Leere,
die der frühe Tod eines Freundes
deiner brennenden Seele bringt,
ertaste die tiefe Wunde,
die sein Entrinnen dir reißt,
dann keimt wieder Hoffnung und Mut,
den Alltag vertrauend zu meistern,
neu aufzunehmen den Kampf.

Das Schicksal schlägt hart genug zu,
unerbittlich und ohne Erbarmen,
drum versuche es dort zu besiegen,
wo dein Wille und Werken es kann,
dann hilft dir der gnädige Gott,
auch wenn du verlassen, verloren
und ohne Frieden dich wähnst,
weil Kraft er dem Wollenden schenkt.

Leitende Hand

Glückselig,
wer in allen Schlägen des Schicksals,
in allen Nöten der Nächte,
in aller Trauer des Tages,
in allem Dunkel des Denkens,
in allen Zeichen der Zukunft
fühlt liebevoll leitende Hand
eines himmlischen Hirten,
eines wachenden Wesens,
lenkend alles zum Licht,
erbarmend und bergend,
wirkend die Wunder,
die freudvoll erfüllen
diese Welt der Gewalt,
wendend die Enge zur Weite,
das bittere zum besseren Los,
das Schwere zur Schmiede des Glücks.

Selig,
wenn alle Tränen und Trübsal,
alle Versuchungen, Sorgen,
alles Zittern und Zögern,
alle harrende Hoffnung
haben Ziel und auch Zweck,
haben Sendung und Sinn!

Glückselig, wer glaubt,
daß das wissende, weisende Wesen
göttlicher Güte, gleich, wie du's nennst,
uns segnet und einsetzt,
wo für den Nächsten es not,
wo es der Frieden erfordert!

Immer kommt es auf Erden
so, wie es kommen soll!
Der wachsame Wille des Herrn
lotst auf dem Lebenspfad,
hütet das zaudernde Herz.

Wer die Zeichen der Zeit richtig deutet,
verfehlet den wahren Weg nie,
der immer vom eigenen Ich
ins Gefilde des anderen führt.

Die fünf Sinne

Wenn schwere Schulden lasten
auf schmerzenden Schultern,
wenn Furcht die Kehle umkrampft
vor neuer Täuschung des Tages,
wenn Schuften und Schaffen nicht reichen,
den dringenden Mangel zu decken,
nur das Wichtigste zu erwerben,
wenn Geld und Güter zerrinnen
trotz spartanischer Sparsamkeit,
wenn selbst die winzigsten Wünsche
müssen keimend ersticken, verstummen,
da ist das launische Leben
kein Werken und Kämpfen mehr wert —
denkst du verzagt und verzweifelt.

Doch dann kehre in dich, erkenne,
daß die Funken der wahren Freuden
entspringen dem Spiel der Sinne,
die entwickeln und wecken du mußt.
Nutze geschickt den Schatz,
den Schauen und Hören,
Geruch, Geschmack und Gefühl
dir berauschend und randvoll bieten!

Dann wirst glückselig du sein,
daß Elend und endlose Pein
dir öffnen segnend die Sinne,
Zeichen und Zauber des Alls
tiefer und trunkner zu fassen,
bewußter und reiner zu wahren.

Willst du wissen,
welch Freuden erfüllen die Welt,
die keinen Kreuzer dich kosten?
Halt offen Auge und Ohr,
nutze Nase und Mund,
ersticke nicht stürmisch Gefühl!
Dann schenkt dir, was du erschaust,
mit deinen Sinnen du saugst,
Beglückung und Frohgefühl:
die goldene Sonne, der silberne Mond
und die strahlenden Sterne,
der erhabene Himmel
und Wolken und Wind,
singender Frühling und fruchtender Herbst,
wärmender Sommer und Winter, eiskalt,
bunte Blumen und Bäume,
kreuchend und fleuchend Getier,
Kiesel und glitzernd Gestein,
kühlendes Wasser, der Berge Gewalt.

Wohl dir,
wenn dich die Schätze des Schöpfers,
Wunder und Heilkraft der hehren Natur
können befreien, begeistern, beglücken!

Lächeln und Lachen

Glückselig bist du,
wenn du lachen kannst oder lächeln
trotz tausend trostloser Stunden,
die Alltag und Ränke bereiten,
totz tiefem Weh und trotz Wunden,
die Menschen und Schicksal dir schlagen.

Wohl dir, wenn du kannst
flüchten und fliehen
aus Kummer und nagender Not
in die Heiterkeit deines Herzens,
vergessend Verluste und Leiden,
nur spürend die Sonne des Seins,
die, wohlig erwärmend,
durchdringt und durchflutet
Kälte und Frost
und des Frevels Kreis.

Glückselig bist du,
wenn dein Lächeln und Lachen
deinen Mitmenschen hilft,
Schaden und Schrecken zu bannen,
Gipfel erbetener Gnade!